# Peggy Arnold
## Im Ganzen betrachtet
## Perspektivischer Wechsel von Sichtweisen

Peggy Arnold

# Perspektivischer
# Wechsel von Sichtweisen

Lyrik und Prosa

Bibliografische Information der Deutschen Nationalbibliothek: Die Deutsche Nationalbibliothek verzeichnet diese Publikation in der Deutschen Nationalbibliografie; detaillierte bibliografische Daten sind im Internet über http://dnb.dnb.de abrufbar.

Verlag: BoD · Books on Demand GmbH, In de Tarpen 42, 22848 Norderstedt, bod@bod.de

Druck: Libri Plureos GmbH, Friedensallee 273, 22763 Hamburg

ISBN: 978-3-8391-0997-7

*Nur ein Wortspiel*

Sehnsucht einer Welt
Durch Träumerei benebelt

Verherrlichung des Seins
Wie ein Schleier am Morgen

Zieht sich ein Tagtraum dahin
Der das Weite sucht

Reflektiert
In dem es seine Pracht ablegt

Ein wurzelndes Geschöpf
Unendlich

Unaufgefordertes Wissen
Das vergeht

Verwelkt
Ohne Durst geschrien zu haben
Ohne Schönheit
Ohne Glanz

Zehrende Ruhe lässt
Bewegungsunfähigkeit
Vielleicht ein im Kreis drehen zu

Ein dunkler Raum
Entgegen des Daseins
Taub - Stumm - Still

Sinnloses Verweilen
Lässt an Hoffnung glauben

Der kahlen Wände
Endlichkeit
An Wahnsinn

*Allein*

Systeme funktionieren nur
Gerichte bleiben stur
Bürokratie hält Menschen klein
Am Ende gehen wir allein

Der Regen macht uns manchmal nass
Stets verzehrt nach süßem Hass
Kommt und geht in den Tag hinein
Am Ende gehen wir allein

Der Nebel lässt uns nichts mehr sehen
Nur verblendete Wege gehen
Der Rundfunk hallt den ganzen Schein
Am Ende gehen wir allein

Rar ist der Zusammenhalt
Auch wenn es zu Silvester knallt
Die Nachbarschaft die kennt man kaum
Im Sarg ist ja auch nicht viel Raum

*Humankapital*

Sie fliegen zu den Sternen
Und fliegen hoch hinaus
Manche schlafen auf dem Bürgersteig
Die lässt man besser nicht ins Haus

Sie setzen sich an runden Tischen
Und geben uns nichts aus
Nichts was man uns schenken würde
Hier lässt man uns nicht raus

Wir funktionieren gut für sie
Sie halten uns am Leben
Doch bald schon kommen wir hier raus
Dem Ende nachzustreben

Auch wenn man uns die Freiheit nimmt
Gibt's Zeit da nachzutreten
Vielleicht entsteht aus Chaos Grün
Bald könnten wir Antworten geben

Der Globus mit allem ist zerrissen
Die Menschheit verkauft und ums Leben beschissen
Sie streben weiter nach der großen Welt
Und manche sterben hier im Einmannzelt

*Die Wahl*

Zu Wählen, dies steht täglich an
Der Kaffee schwarz, süss oder weiß
Doch eigentlich liegt mir daran
Das er ist, nicht zu heiß

Zu Glauben, dass ein Ende naht
Ist wirklich manchmal klug
Wir sitzen auf einem heißen Draht
Der kühlt sich ab im Flug

Vom Wissen, dass es schlimmer geht
Hält uns nicht ab von Wahlen
Doch da nichts echtes in den Zeilen steht
Werde ich all die Kästchen ausmalen

Es zuckt mir in den Fingern schon
Vielleicht geht's heut' noch Baden
Der heiße Draht als fairen Lohn
Sollen sich doch Andere daran laben

*Kriegstreiberei*

Wir stehen in der ersten Reihe
Bereit nun zu marschieren
Man hört die ersten Hilfeschreie
Wird Leben demolieren

Anstatt zu kommunizieren
Nach vorne Schritt um Schritt
Das Leben zu denunzieren
Man in die Massen tritt

Man könnte deeskalieren
Um Leben zu erfüllen
Statt uns ins Elend zu manövrieren
Münder mit leeren Hüllen

Nachgetreten gegen den Feind
Wird sanktioniert und gebeten
Nichts ist wahr wonach es scheint
Im Propagandabestreben

*Zwischen den Welten*

Entgegen der Natur, die Rechte
Der Unterwelt ganz zugetan
Beginnt ein Krieg der Mächte
Getragen wird's vom Untertan

Auf unseren Rücken peitscht der Krieg
Keiner von denen ruft zum Sieg
Keiner will die weiße Fahne schwenken
Um ja nichts kampflos zu verschenken

Frei ist der Mensch wenn er nichts trägt
Nur mit Nächstenliebe um sich schlägt
Befreit ist Frau und Kind und Mann
Wenn man in Frieden, Freiheit, Liebe leben kann

Zwischen den Welten zieht es uns zur Freiheit hin
Nur unter den Wolken macht zu lieben Sinn

*Ausradiert*

Langsam lösen wir uns auf
Umgeben von Schreien
Beim Ausverkauf
Und Geld verleihen

Gern gibt man sich hin
Den Wühltischbänken
Rudert und kämpft
Dabei nichts zu verschenken

Wir dümpeln herum
Auf vielerlei Strecken
Verkauft sich als Dumm
Und steckt sich in Ecken

Gerissen, überschwemmt
Und mundtot gemacht
Ziehen verbissen
Allein durch die Nacht

Man hält besser den Mund
Und übergibt sich daran
Nicht ganz ohne Grund
Verenden wir dann

*Die Fähre*

Zum kotzen ist der Hass der Welt
Egal in welchen Kulturen
Steckt euch euer Spendengeld
In eure letzten Fuhren

Der Fährmann kann es kaum erwarten
Er will doch schon bald starten
Er zählt die Münzen im Gepäck
Und auf manche wartet
Getrocknetes Gesteck

*Verlorene Räume*

Raum
In dem man sich
Zu finden
Glaubt
Von Schein
Umgeben

Vom Traum
Geraubte
Realitäten
Verherrlicht unser
Sein

Einsam
Geht die Zeit
Ins Land
Tipp um Tipp
Verliert der Verstand

Kontraste
Lenken Leben
Zeit Verloren
Streben
Nach Chaos

*Gemeinnützig*

Wir tafeln um die Wette
Als gäbe es kein Halten mehr
Was fehlt ist eine Kette
Des Menschen Aufbegehr'

Der Zombielauf
Der nimmt kein Ende
Lebensmittel rinnen
Durch scharf geschliffene Hände

Der Verantwortung entzogen
Hauptsache man verhungert nicht
Die Regierung hat gelogen
Nimmt andere in die Pflicht

Gemeinnutz
Geschaffen aus der Not
Ohne sie wären Geschichten
Alt wie auch jung
Verhungert und längst Tod

*Verirrt*

Nur Gedanken
Entlarven
Grenzen
Von Bedürftigkeit

Die Schranken
Verschließen
Leben
In Endlichkeit

Der Nebel
Verhüllt
Vom Schein
Befüllt

Das Gemetzel
Um Wahrheit
Nur Dürre
Gedeiht

*Schuld*

Begnadete Unabhängigkeit
Verfehlt den Genuss
Von Lebendigkeit

Verfehlte Fehler
Die wir machen
Und wir lachen

Nachgelaufen
Ins reizend Gas
Tut gut zu wählen
Den eigenen Fraß

Die Hoffnung verliert
Der Glauben zerfällt
Das Leben zerfrisst
Den der was davon hält

*Corona Kanon*

Eingesperrt und einsam
Welch ein Segen
Wir dürfen uns allein
Ums Haus bewegen
In Begleitung - Ach wie fein!
Darf es auch ein zweites Menschlein sein

Selbst Stadttauben
Glauben nicht mehr an den Frieden
Ihr Füttern muss man jetzt nicht mehr verbieten
Und Touristen werden auch nicht mehr gesehen
Denn die dürfen nur noch bis zur Grenze gehen

Dank Corona ist das Wasser wieder klar
Dank Corona sind die Fische wieder da
Und Dank Corona
Ist auch in Deutschland
Nichts mehr wie es war

*Pipeline*

Solche ziehen sich
Durch Wasser
Land und Feld
Betroffen ist die ganze Menschenwelt

Auch Waffenlieferungen
Bis zum letzten Toten
Verbessern kapitalistische Quoten

Jene die sich entziehen
Können übern Seeweg fliehen
Schlepperbanden noch und nöcher
Stopfen wessen hohlen Löcher?

Das Humankapital - aus toten Büchern
Euer Werk ist Geld - in roten Tüchern
Erschossen - an erbauten Grenzen
Getränkt in Blut
Und wir warten
Auf die nächste Flut

Fluten aus Menschenmassen
Das wollen sie nicht verpassen
Das rote Tuch ist zugemüllt
Und die Meere mit Leichen befüllt

*Selbstwert*

Ich glaub' es geht bergab mit Allem
Wir drehen uns kaum mehr im Kreise
Und bevor wir ganz tief fallen
Zerplatzen Blasen still und leise

Das Klopapier ist wieder alle
Da dreht sich auch nichts mehr
Vielen Dank für diese Falle
Bunkern für ein gutes Flair

Gern würde ich Lobeshymnen schreiben
Doch auch der Punkrock liegt mir nicht
Lasst ruhig alle hier vertreiben
Wer bleibt, zieht einzeln vor Gericht

Wem nützt denn ein Weltfriedenstag
Wenn weiter Bomben fallen
Ich hör' Gelächter hallen

*Irrsinn*

Noch stehen Eichen stark
In unserem reichen Land
Doch wir leben karg
Wie Kakteen im Wüstensand

Alle sind scheinbar empört
Weil jeder die Natur zerstört
In leere Taschen greifend
Nicht durch Urlaubsländer schweifend

Man streitet immerfort
Nichts hält uns noch an einem Ort
Wir zeigen was wir sind
Doch nichts von unserem inneren Kind

Viel Trug und Schein
Fast Jeder will der Beste sein
Wir graben die Geschichten aus
Verstecken uns im Schneckenhaus

Probleme wachsen deftig
Auch irren wir uns da mächtig
Nicht solch' Kontraste machen Ärger
Sondern Diktate werden stärker

*Schein*

Perspektiven beschränkt
Durch glänzende Spiegel
Das Bild verzerrt
Verliert jeglichen Sinn

Propheten
Geschmolzen im Tiegel
Stellen in Frage
Was ich sein werde
Und bin

Am laufenden Band
Wie ein Hamster im Rad
Dreht sich die Lebenszeit
Bedingt weiter

Endlose Schleifen
Zieren unsere harte Hand
Gefesselt an den Staat
Unser Verstand

*Wut*

Bürger
Die durch Scherben
Rannten
Über zersprungenes Glas
Auf Bordsteinkanten

Barfuß
Blind
Und voller Zorn
Folgen
dem geblasenen Horn

Gedanken
Ängste
Erstickt
Im Keim

Paläste
Erbaut
Da werden
Pflastersteine
Schonmal
Laut

*Maulkorb*

Weißt du was ich seh'
Wenn ich im Kreise geh'
Kontaktbeschränkung
Tyrannei
Was fehlt
Ist
Leipzigs Allerlei

Weißt du was ich tu'
Ich bück' mich immerzu
Denn mit dieser Haltung
Umgeht man auch die Spaltung

Weißt du wer ich bin
Da macht ein Maulkorb Sinn
Um mich zu enthalten
Bedecke ich meine Falten

So tut mein Mund
Auch nichts mehr Kund

*Machtlosigkeit der Grenzen*

Fliegend über Meere
Ozeane und Wüsten
Weit hinaus übers Sternenzelt
Wir schippern
Um die ganze Welt
Im Gepäck vergoldete Büsten

Versteinerte Blicke
Starren uns an
Ziehen uns
In ihren Bann
Flanierend
Über Touristenmeilen
Und niemand
Kann's heilen

Vom Fernweh
Stets getrieben
Dem Reisen
Verschrieben
Von fremden Welten
Und ihrer weiten Flur
Denn wir haben
Keine eigene Kultur

*Keine Wahl*

Man strebe im Leben nach Reichtum und Macht
Nach Schönheit und das man immer lacht
Nach ewiger Jugend im Whirlpool daheim
Das muss doch alles recht einsam sein

Wo ist der Glaube und der heilige Schein
Nichts hier wird von Dauer sein
Alles vergeht, nur der Kunststoff bleibt
Wie die Idee einer Aufrichtigkeit

Systeme funktionieren nur
Jede Partei bleibt für sich stur
Den fehlt wohl eine rechte Hand
Mit dieser zu knüpfen ein einig Band

In einem gar sumpfigen Land
Weit und breit kein sonniger Strand
Alles verbaut im Betonkleid
Und wir machen uns für die Wahl bereit

*Flügelschlag*

Nur durch eure Macht
Gefallen durchs Sieb
Angst ward geschürt
Und nichts was mehr verblieb

Augen wie ein Stern
Wir ertranken an ihnen
Gestalten sind verhüllt
Kein Licht ward mehr erschienen

Der Himmel wirkt schwer
Er drückt auf dich
Leicht tragen die Wolken
Deine Tränen im Gesicht

Das Universum zermalmt
Durch eure grüne Hand
Rote Flügel schlagen euch ins Gesicht
Und ihr
Ihr merkt es nicht

*Aus Liebe zur Kunst*

Wir ziehen über Felder, Wiesen und Berge
Ziehen weiter bis weit ans Ende der Welt
Wir tragen zur Schau oft unsere eigenen Werke
Graben hervor was dem Establishment nicht gefällt

Manchmal schreien wir stille Gedanken laut
Vielleicht fällt was ein, was man dann neu erbaut
Welch' Berechtigung hat unser Streben?
Schlecht bezahlt, die Kunst von der wir leben

Hoffnungsvoll so rütteln wir die Menschheit wach
Damit sie nicht ertrinken im reißenden Bach
Viele sind auch Heilsbringer in der Not
Manche spenden Trost auch bis zum Tod

Nicht selten hängen wir an schönen Dingen
Doch manchmal treffen wir auf offene Klingen
Welch' Berechtigung hat unser Streben?
Schlecht bezahlt, die Kunst von der wir leben

*Solidarität*

Zeigt sich die Solidarität
Bei euch auch als total verdreht
Gebt den Zusammenhalt nicht auf
Sonst gehen Leben drauf

Glaubt ihr an Werte und an Ziele
Dann spaziert
Denn ihr seid viele

Verbindet euch auch mit dem Herzen
Sät Liebe ohne Schmerzen
Bleibt im Einklang mit der Kraft
Welche Brückenbauen schafft

Schämt ihr euch für eure Fahnen
Die Geschichte eurer Ahnen
Grundgesetze sind gebrochen
Viele Arme nun zerstochen

Distanzierung dort und hier
Das gibts schon seit Harz Vier
Und Ausgrenzung sowieso
Kultur und Kunst
Spült ihr ins Klo

Und was seid ihr doch verbittert
Habt die Welt total zersplittert
Bitte heilt doch die Wunden
Anstatt sie nur zu Stunden

*Menschenleer*

Keine Welle die uns niederreißt
Nur noch Sand und Staub
Und niemand der uns Wege weist
Denn sie wurden taub

Und wir schauen in die Dunkelheit
Kehren Heim in unsere Blasen
Nichts was uns im Hier noch hält
Auf so menschenleeren Straßen

Und keine Arme die uns wärmen
Kein Wasser das uns nährt
Und ein Herz das bald erfriert
Wenn es keine Liebe spürt

Nun ziehen wir mit der Strömung
Fliehen hinab ins Tal
Verharren in kalten Höhlen
Haben wir denn noch die Wahl

Warum lernt man nicht zu singen
Wie entrinnt man einem Krieg
Warum lernt man nicht zu denken
Was man zwischen Zeilen sieht

*Der Tod der Liebe*

Eine Rose liegt bei
Verwelkt
Ausgetrocknet

Sie war noch jung
Und spürte kaum
Welchen Zweck
Sie zu erfüllen hatte
Als man ihr den Hahn zudrehte

Vielleicht
Verspürte sie Angst
In diesem Moment

Und wie der Tränen gleich
Verlor sie ihr Blütenreich

Hätte sie einen letzten Gedanken
Verschwendet
An ihre einstige Schönheit
Die
Die der Mensch
Ihr zugedacht

Diese
Ihre Schönheit und Macht
Sind nicht erreichbar
In der Nacht

*Machtloser Frieden*

Die Gletscher schmelzen, Berge treten hervor
Wir stehen auf Stelzen und steigen empor
Erhöhen uns bis weit zu den Sternen

Am Ufer gestrandet, erobern wir Wüsten
Wie Treibholz gelandet, kälter als Steinbüsten
So metzeln wir uns über die Weiten der Grenzen hinweg

Dabei wünschen wir uns nur endlich Stille und Ruhe
Manchmal auch etwas von der Glückseligkeit
Doch Freiheit aus einer golden umrandeten Truhe
Macht uns für den Weltfrieden nicht bereit

Die Sonne geht auf, der Nebel verschwimmt
Wir warten darauf, dass Freiheit beginnt
Mit Waffen in der Hand aus Angst vor Nähe

Einigkeit der Menschheit im Land
Nur der Lebensodem schürt das Liebesband
Wertschätzung, Respekt, Humor als seine Säulen

Am Strande stehend, die Weite brennt
Die Sanduhr fast leer, weil keiner Zeit kennt
Mit Zahnrädern in der Hand schreiten wir zur Endlichkeit

*Ein Traum*

Lasst uns
Unsere Augen schließen
Lasst die Kronen im Wald sich wiegen
Lasst uns
Ganz zart aneinander schmiegen
Bis die Saat vergeht
Verlangen

Lasst uns
Unsere Haut berühren
Lasst sie uns verführen
Lasst uns
Tief den Takt erspüren
Bis der Keim verdirbt
Hoffnung

Lasst uns
Neues säen
Lasst uns die Lust übergehen
Lasst uns
Am blauen Firmament
Die Regenbögen
Tanzen sehen
Neubeginn

*Vergessen*

Knospen bekunden eine neue Zeit
Wir erleben sie in Einsamkeit
Wollen wir uns wiederfinden
Sollten wir uns überwinden

Blüten welken stumm dahin
Kein Raum mehr weit und breit
In dem ich noch zu finden bin

Eine Träne ziert den Augenblick
Des Abschiednehmens
Kein Wort verlässt deine Lippen
Der Atem ruht sanft

Wünsche mich zurück
Vergebens
Die Augen nun leer
Find' in ihnen keine Liebe mehr

*Ertränkt*

Wir sind
Im Vergessen
Ertrunken
Haben uns nicht
Dagegen gestellt
Sind in uns selbst versunken

Wir sahen
Alle Farben der Welt
Während wir verbrennen
Sich die dunkle Nacht erhellt

Haben tief
In unsere Seele
Einblick genommen
Sind zeitlos verweilt
In diesem Moment

Doch niemals
Im Hier und Jetzt
Angekommen

*Keine Zeit*

Eine Träne möchte ich sein
Geborgen aus des Kindes Augen
Wangen benetzend
Geboren um zu Leben

Aus eurem Mund
Sollte man tieferes hören
In diesem Gefühl
Möchte ich wissen zu sehen

Doch
An euren Händen
Mag ich nicht gehen
Keine Zeit
Sich im Kreis zu drehen

*Wartend*

Während ich geh'
Wart' ich auf den Augenblick
Während ich steh'
Kommt er nicht zurück

Während ich mich im Kreise dreh'
Der Ohnmacht nah
Schließ ich meine Augen
Und wünscht' du wärst da

Lasst die Sehnsucht
Die Gedanken lenken
Lasst euch von der Sinnen
Vielfalt beschenken

Nun träum' von einem
Süßen Schrein
Dieser lädt dich
Zu mir ein

*Kälte*

Die Sonne ertrinkt im Kalt
Der dunklen Nacht

Du brichst herein

Sehnst dich nach Unendlichkeit
Bei all der Sternenpracht

Sonderbar
Die Erscheinung am Himmelszelt

Ein fantastisches Gebilde
Wie ein weites Feld

Blickst anmutig auf mich herab
Gibst deine Macht in Fülle kund

Kommst zu mir in stiller Stund

Hältst meine Hand
Ganz fest
Als wäre sie ein Teil
Von dir

Doch ich bin viel zu weit entfernt
Ich spüre sie kaum mehr bei mir

*Schweigen*

Der Einsamkeit bleibt
Ein Gedanke noch an dich

Möchte ihm nicht entfliehen
Vielleicht wartest du auf mich

Die Nacht beschenkt mich
Mit einem hellen Schein

Bin tief getaucht
So ganz allein

Nun trägt der Wind
Die letzte Träne fort

Ist mehr noch als ein Wort
Und alles dort
Liegt in Schweigen

*Wissen*

Vom Wissen
Zu Lieben

Vom Wissen
Zu Glauben

Vom Wissen
Verloren zu haben

Vom Wissen
Betrogen worden zu sein

Sehnsucht
Die man sich nicht zu erfüllen weiß
In diesem Moment

Vom Wissen
Auszuhalten
Gehen lassen zu müssen
Auch wenn man selbst
Den ersten Schritt macht

Vom Wissen
Zu Spüren
Den Liebenden nicht mehr frei
Begegnen zu können

Vom Wissen
Der Angst
Vor Hingabe

*Umgarnt*

Dein zartes Wesen begleitet mich
Zauberhaft umhüllt der Schein des Mondes dich

Das sanfte Lächeln deiner Augen
Hält gebannt mein Gesicht

Mein strenger Gang versagt
Nun steh ich still

Hab zu atmen nicht gewagt
Dir umarmend dann gesagt
Wie sehr ich dich will

Deinen Lippen entweicht
Ein Hauch

Was aus Glut hat Feuer entfacht
Gefriert

*Gesänge der Nacht*

Melodien der Nacht
In denen wir versinken
Wir werden an unserem Liebreiz
Ertrinken

Das Sternenspiel
Wird Wege lenken

Auf denen wir
Bald ohne Bedenken
Ganz sacht
Uns fortan
Wiederfinden

*Verbrannt*

Eine Schattengestalt voll Anmut
Bewegte Neugier hält mich fern
Reißt mich mit

Lässt mich für kurze Atemzüge
In längst vergangene Zeiten
Einblick nehmen

Wir schließen unsere Augen
Spüren den Klang
Der Trommelwirbel
Dem Herzschlag gleich
Im Takt

Umher wirbelnde Feuer
Einen Kreis bilden
Der Vollendung nah

Der Gesang eines Lautenspielers
Tönt durch die bitter kalte Nacht

Du bist noch bei mir
Wenn der Morgen erwacht

Nun ist der Morgen
Das Licht das uns trennt
Mein Herz brennt

*Stille Kunst*

Komm über mich
Mein Herz schreit
Es ruft nach dir

Bist weit entfernt von mir
Weine nicht

Ich geh mit dir
Als würde ich sein
Im Augenblick
Der Unvernunft

Ein Bild in mir
Das ich sicher nie verlier

Ganz nah bei dir
So ganz allein
Damit Leben eine Kunst

*Stillstand*

Ist die Zeit
Jene die übrig bleibt
Ohne ihren Sinn
Zu verlieren

Unerreichbar weit

Ist es jene
Die alles vorantreibt

Verzeiht

Es ist nicht leicht zu gehen
Wenn man kann und verlassen will

Bleibt man stehen
Steht man still ?

*Vergänglichkeit*

Die Sehnsucht schwindet
Ihr Hauch verliert sich tief in mir
Vielleicht find ich in dir
Was die Hoffnung noch bindet

Sanfte Wellen umspülen die Hülle
Hatten sie fern von hier getragen
Ein Ende vorherzusagen
Dazu schien die Zeit
Nicht bereit

Der leise Gesang der Elben
Umspielt dein Haupt
Lässt ihn treiben

Der Horizont reißt dich entzwei
Der Zeiten Gewalt
Lässt dich nicht gehen
Beginnst dich zu drehen

Umworben vom Nichts
Was nichts hält
Ausbruch der Gedanken
Nichts was wirklich zählt

Vergänglichkeit der Liebe
Und doch ist sie es
Die bleibt

*Stumme Tränen*

Spüre die Tränen
Die du nicht weinst
Spüre die Nähe
Die dich weg treibt
Ganz weit

Eine Träne ziert den Augenblick
Wünsch mich zurück
Vergebens

Möchte dich halten
Auch wenn du es nicht verstehst
Möchte meine Arme um dich falten
Auch wenn du lieber gehst

Deine Augen sind leer
Find in ihnen keine Liebe mehr
Trotz der Zeit
In Einsamkeit

*Die Feuer brennen*

Vibrierende Kälte
In sternenklarer Nacht

Ein Tanz beginnt

Feen schweben sacht
Auf und nieder

Reißen deine Seele mit im Kreis

Gib acht
In Nebel getaucht
Erscheint ihre Pracht
Als ein Hauch von Sinnlichkeit

Es ist Zeit
Was bisher entfernt geblieben
Scheint nun von unsichtbaren
Sein getrieben

Hat es dir Momente
Des Glückes gebracht
In deinem Herzen
Feuer entfacht

*Neubeginn*

Die Zeit ist reif um abzuschließen
Den Weg zu finden
Schweiß wird fließen

Gewebt wird nun ein schwaches Band
Aus Ehrlichkeit und Zugestand

Erhebt euch über den Fluß
Des reglos Gesagten
Lasst euch treiben
Im azurnen Blau

Wie silberne Fische
Entgegen der Strömung
Unterbewußt Tränen vergießend
Nähren den schwellenden Bach

Mit ihrer Selbstlosigkeit
Bereit zu leben
Euer Ziel
Wird mir den Weg vorgeben

*Beispiel einer Zeit*

Fallen lassen
Frei sein
Freiheit fühlen
Auf Zeit
Wie Geborgenheit

Zermalmter Geist
Zerrüttetes Gefühl
Erfüllt von Angst

Vom Wirrwarr der Gefühle
Das Innerste auseinander treibt
Von der Erkenntnis
Das Nichts wirklich ist
Nichts bleibt

*Sterbehilfe*

Von der Vergangenheit verfolgte Geister
Sitzen wie Mauerblümchen wartend
Bis jemand sie bemerkt
Ihrer Schönheit wegen pflückt
Um sich allein
An ihrem Dasein zu erfreuen

Ein weißer Troll hat sich auf dieses gestürzt
Um sich wissentlich und für nur kurze Zeit
An ihrem Antlitz zu bereichern

Ohne Leid
Kein Dahinsterben
Ohne Freude
Tränen verbreitend

*Ewiglich*

Düster liegt der kalte Hauch
Bedrängend über dem Feld
Verbirgt die Wurzeln des Waldes
Welches ihm die Weite entzieht

Der Nebel
Das Feld
Der Wald

So leicht und doch undurchdringlich
Versperrt er die Sicht
Weit über die Grenzen
Des Daseins hinaus
Um sich schließlich zu verirren
Im Dunkeln

*Aushalten*

Erwacht
Aus einem endlosem Storm
Getrieben
Von unerklärbarer Kraft

Ruhe
Unausweichliche Erschöpfung
Aus der irren Bewegung
Ins Nichts

Vom Streben
Sich in die Nacht zurück
Zu sehnen
Um dort zu sein

Hoffnung
Aus dem Geflecht
Von Träumen gereiht
Glauben
Diese Mauern nicht entzweit
Wissen
Sie verdreifacht nur
Sie gedeiht

Endlichkeit
Unaufhaltsam
Ewigkeit
Bestimmt
Dem Wahlverfahren
Ausgeliefert

Geht man beständig fort

*Der Himmel weint*

Schwere Wolken
Liegen tief
Weich anzusehen
Kalte Tränen
Aus ihnen rollen

Ein Engel schlief
Und jene die dies wollten
Ihre Augen verschließend
Weil sie es sollten

Fühlst die aufsteigende Wärme
Des Pflasters
Jene erhebt sich
Einem Nebel gleich
Zu fantastischen Gebilden

Ein Dunst der ungenießbar scheint

Der Himmel weint
Verhüllst dein Gesicht
Dein Gemüt wiegt schwer
Deine Gestalt völlig leer

Glaubst zu schweben durch die Nacht
Für uns hat man den Albtraum erdacht

*Asche*

Die Flocken
Die hernieder schweben
Die dich bringen
Um den Schlaf

Die Asche
Die bedeckt
Den Schnee
Unter deinen Füßen

Geäst
Das sacht hin und her wiegt
Sein Wissen
Kundgibt

Von der Geschichte
Geprägt
Narben
An Stamm und Wurzel

So zieht sich der Lauf der Zeit empor
Und lässt sie und uns erwachsen
Aus dem verbitterten Kampf
Um Frieden

*Weisheit*

Geschehenes
Zu beschreiben
Los zu lassen
Zu vertreiben

Im Spiegelbild
Die Seele finden
Was unser Innerstes
Wiedergibt

Überwindend
Erinnernd
Nach Nähe suchend
Liebe findend

Entzug
Brennendes
Verlangen
Nach dem Innersten
Selbst

Sich in Geborgenheit
Verlieren
Nicht schwinden

*Weise*

Das Klirren
Des verwurzelten Selbst
Das friedliche Sein
Des Kontrastes

Das Gebilde
Der Reinheit
Stille
Zerstört

Nur von dem
Der sie hört

Die Sehnsucht
Eines Tropfens
Form verändernd

Der Halm
Der sich entgegen
Nicht zu setzen weiß

Einsam
Wartend

Der Morgen der den Tau zur Weisheit trägt
Vergeht

*Ironie*

Weshalb können wir nicht
Sanft zueinander sein

Uns am Meer
Der Lust erfreuen

Weshalb die schönsten
Rosen pflücken
Kerbel
Tulpen

Noch und noch

Weshalb an ihnen heilen
Schmücken sie uns doch

*Leblose Mythen*

Schergen am Waldesrand
Aufgebracht
Auf der Jagd
Nach dir

Deinem Verstand

Angst
Die dich rückwärts treibt
Ist gleichsam
Der Hoffnung
Die bleibt

Beginnendes Ende
Zufriedene Wende

Vom Schicksal
Erzwungen
Um die Wahrheit
Gerungen

Gleichgültigkeit erlangt

Löst das Band
Zum Leblosen

Einsamkeit
Die strebt zu finden
Den Frieden mit dir selbst

*Eiswelten*

Die Felder sind ewig
Ewig weit anzusehen
Der Weg scheint unendlich
Und doch wunderschön

Der Tau von den Hängen
Herab bricht ins Nimmerland
Wo Feen und Elfen
Schwimmend treiben
Auf der Weidengeäst

Gestrandet
Entgegen der Flut
Auf nährbaren Grund
Das Bewusstsein ermüdet

Doch
Nicht allein
Erhebt sich ungehemmt
Durch zauberhaftes Band
Die gestreute Saat
Aus dem heißen Sand

Gewillt zu bleiben
Gehüllt in Wärme
Und zarten Samt
Hält der Kreis stand

*Irgendwann*

Wo der Wald sein Innerstes nicht freigibt
Weil es dunkel und unerreichbar scheint
Wenn der Tag die Nacht herbei ruft
Alles in Schlafe wiegt
Nur die Endlichkeit weint

Umgeben von einem Tränenmeer
Verharrt die Unschuld wartend
Auf das der innere Fluss wiederkehre

Bis ein menschliches Wesen auserkoren
Aus seiner Hüllen Leere
Ward der Verstand geboren
Lernte zu Lieben
Und hat schon verloren

Ein schmaler Graben offenbart sich
Gefolgt von einem langen Steg
Von Wellen getragen öffnet sich ein neuer Weg

Empor gehoben
Einem Schmetterling gleich
Entgehst du so dem stinkenden Fleisch
Welches dein Hirn befleckte
Bedeckte
Scheint nun rein von Schuld zu sein

*Party*

Furchtbeladen
Nach Erfüllung
Schreiend

Aus den Tiefen
Deiner Brust
Befreiend

Danach sehnt sich wunderbar
Der Zug der schwarzen Rabenschar
Am Ende ist selbst ein Nichts nicht mehr da
Und wir sind am Feiern

Ist doch klar

*Das Leben zur Zeit scheint hohl*

Warum hier
Freud wie Leid
Empfinden

Sich stets von Neuem überwinden
Um am Ende doch zu sagen
Lebe wohl

Warum
Tag um Tag
Dem irren Tanz ergeben

Wonach
Lohnt es sich zu streben
Wo sind Jene
Die den Schicksalsfaden weben

Wenn es nur Elfen wären
Die sacht im Morgengrau über Wiesen
Und seichte Gewässer schwebten

An ihren Gesängen
Hell und rein
Erblüht die Wildnis
Im neuen Schein
Bis wir sie verlassen haben

*!*

Was glaubt das Leben
Uns im Zwiespalt zu geben
Bestrebt nach dem Höchsten
Immerfort

So bleib ich halt an diesem Ort

Von Kälte umgeben
Im Kreis sich drehend
Erosion des Geistes

Kraftlos wiegend
Auf das Nächste hernieder
Bis es beginnt und begreift
Es vergeht

*Ermüdet*

Zum öffnen der Gedanken
Bediene man die Schranken
Und reiße Mauern dann entzwei

Die durch geschickte Hand erbaut
Kein dahinter sehen erlaubt
Der Lösung vielerlei versagt
Und man weiß sich keinen Rat

So erhebt man sich
Und die Augenlider
Denn diese fallen
Viel zu oft
Von alleine nieder

*Des Glückes Melodie*

Liebende Gestalten
Sich reihen
Im Tanze um Macht

Umher schwankend
Ganz sanft
In Ton und Klang
Eins bildend

Unvergängliche
Möglichkeiten
Des Nichts
Ein Feuer entfacht

Dessen Dunst
Das Wahre benebelt
Die Schöpfung
Nicht erweckt

Nur Abgründe
Bedeckt
In welche man fällt
Grenzenlos

*Entbehrung des Spiegels*

Sie ist das Glück
Sie ist der Traum
Sie ist das Stück Leben
In diesem Raum

Und welkt sie dahin
So jung sie auch war
So bleibt sie gewillt
Im Herzen immerdar

So bleibt sie
Und weilt sie
Und keiner kann ihr
Nehmen ihr Glück
Und drum weint sie so sehr
Denn niemand kann mir
Den Spiegel entreißen vor dir

Der Nebel der bleicht
Das Traumbild so sehr
Die Hoffnung vergeht
Doch der Wille mag mehr

Die Einsamkeit siegt
Der Brunnen
Gib acht

Die Nacht hat ein Ende
Und der Tag erwacht

*Stück um Stück*

Resignierend
Auf der Stelle tretend
Auf Licht hin Dunkel fällt
Kurzer Augenblick
Des Nichts

Vernunft bebt
Spuren der Einsamkeit
Ziehen sich
Die Aufrichtigkeit
Wiegt sich
In Sehnsucht
Wartend

Gespaltene Geister
In Unsicherheiten
Ruhend
Nichts vergeht
Ein kommendes Ende
Den Hals zuschnürt

Was vermag es zu sein
Was uns immerzu führt
Der Moment noch den Lebensodem schürt
Zum Ersticken nahe
Wie die Flamme erlischt
In ihrem erschaffenen Vakuum

*Ein Geschenk*

Dein Körper entfacht ein Feuer von Leidenschaft in mir
So sehr
In deinen Augen seh' ich die Weite amethystfarben
Und ihr Funkeln und Lächeln die sie deinen Lippen gaben
Und noch viel mehr

Deine Nähe zu ersehnen
Mein Schreien ungehört
Den nächsten Augenblick zu erspähen
Hab die Königin der Nacht beschwört
Auf der Suche nach dem Moment
In dem wir verweilen ganz ungehemmt

Der spottende Wind trug die Qualen meines Herzens
Schon vor so langer Zeit auf und davon
Und tat es wieder
Der herrliche Himmel trägt es über die sorglose Tiefe
Legt es sanft in deine weit geöffneten Hände nieder

Die Seele der Natur selbst zu sein
Zart und wild
Ergab mich diesem Traum
Mein Herz nahmst du auf ewig

Wenn selig die Wolken am Horizont
Den Morgen in frisches Rot und in der Glut
der Regungslosigkeit ertränkt
Wird der Zauber schwinden
Und dort wo Alles von vorn anfängt
Werden wir uns wiederfinden

*Der letzte Strand*

Grenzenlose Weltenmeere
Fluten doch so manches Land
Und auch die Leere wird befüllt
Bis weit über das Land

Regenbögen bauen Brücken
Wie weit sie sich erstrecken dann,
Man darf entzücken,
Kommt auch auf den Betrachter an,
Wenn er die Weiten sehen kann

Dann lassen wir uns treiben
Bis zum nächsten Strand
Und tanzen dort einen Reigen
Bis auch er vergeht,
Der letzte Sand

*Endlosschleife*

In Endlosschleife läuft die Zeit
Leider tickt sie nicht für jeden
Für manche hält sie nichts bereit
Außer diesem Umstand zu vergeben

Einige Sekunden lang
Steht man still
Ansonsten treibt der innere Drang
Zu dem was man noch schaffen will

Oft ist es ein „Müssen"
Was man eigentlich darf
Verurteilt dies scharf
Verbringt die Augenblicke
An selbstgerechtem Stricke

Es knackt und knirscht im Unterholz, der Mond ist schon längst
wach.
Man hört die Schleiereulen singen hoch oben auf des Baumes kahlen Wipfel.
Fledermäuse fliegen ihre Bahnen und zwischen den Wolken funkeln die Sterne zum greifen nah.
Am Waldrand angekommen kreuzt ein Fuchs deinen Weg.
Scheu läuft er zügig in Richtung des Baches der sanft vor sich hin
plätschert.
Die Gaslampe versagt nun langsam ihren Dienst, welche dich auf
der Flucht begleitet.
Zu lang schon irrst du im Walde umher.
Auch das Rauschen des Baches scheint dich im Kreise zu führen
und die Kälte des Herbstes zieht durch deine Glieder, wie auch die
Angst.

An einer Weggabelung angekommen, erlischt das feine Licht nun
gänzlich.
Schon einmal standest du an dieser Stelle, an der ein Findling still
ruhend zwischen der Gabelung steht.
Hoch und spitz zulaufend blickt er auf dich herab, majestätisch.
Diesmal würdest du den rechten Weg einschlagen...

Die Wolken sind verzogen, der Mond scheint rund und hell. Er
wird dir den Weg erleuchten.

Nach einiger Zeit verliert sich jedoch die Hoffnung eine Lichtung zu erreichen und entzündete Kerzen, in einem bewohnten Haus, zu erblicken.

Und der Boden des Weges ist schlammig, wird immer matschiger. Deine Schuhe sind vom Nass des Bodens durchtränkt.

Kurz hältst du inne, denn Stille kehrt plötzlich ein. Dein Herz rast, du wagst es kaum zu Atmen.
Ein eiskalter Hauch umspielt dein Ohr, fast in wellenförmigen Takten und die Schweißperlen auf deiner Stirn erstarren. Du verschließt krampfhaft die Augen, sinkst hernieder, vergräbst tief dein Gesicht.

Nach scheinbar endloser Ohnmacht, findest du dich genau an jenem Ort wieder, aus dem du geflohen warst.
Ein prunkvolles Schloss, ein Palast, ein goldener Käfig.
In einem Raum, im samtigen Bett erwacht, lassen reich verzierte mit Blattgold versehene Elemente, an Säulen und Wänden, deine Augen blenden.

Ein üppig großer Spiegel schaut auf dich am Ende des Zimmers und zieht dich magisch an.
Er ist verziert mit floralen Ornamenten die Skelette einbetten.
Zögernd mit leiernden Beinen gehst du auf ihn zu, wie bereits viele Male zuvor.
Blut beginnt aus den Augenhöhlen der Schädel zu fließen, die Rosen erblühen in tiefsten Rot.

Ein Appetit überkommt dich, wie er noch nie zuvor da gewesen war.

Anders als beim letzten Mal der Entführung, suchst du dein Spiegelbild vergebens.

Deine zittrigen Hände greifen nach dem schwarzen Glas, dein Mund küsst das Blut von den Rosen…Taumelnd, haltlos fällst du ins Nichts.

*Der Ritt davon*

Ein beschriebenes Blatt
Durch zweierlei Maß
Erfüllt

Überschrieben
Vergangenes
Verhüllt

Vertrautes
Entgegensetzen
Ohne zu verletzen

Verlorenes
Vertrauen
Beschmiert die Schönheit
Vergangener Zeiten

Es ist an der Zeit
Auf ewig davon zu reiten

*Ausgeträumt*

Verträumt schauen meine Augen hernieder
In meinem Kopf ertönen Liebeslieder
Erwacht, ist dein Blick für mich, schon wieder
Meine Seele streichelt dein Gesicht

Und du tanzt im Regen schwerelos
Und du wirkst nach Außen leicht und groß
Feengleich schwebst du fast dahin
Macht so was für mich denn einen Sinn?

Du hältst dich fest an meiner Hand
Du ziehst mich mit bis zum äußersten Rand
Wir steigen auf ´gen Himmelszelt
Und wir tanzen hoch über der Welt

Doch du tauchst auch tief in andere Seelen
Und du wirst noch viele Herzen erwählen
Dein Anblick hält sich tief in mir
Weiter träumen will ich bevor ich dich verlier

?

Kannst du es hören?
Wie der Tau von einem Blatt
Zum Nächsten weicht

Wie der Wind das Geäst
Aneinander drängt
Es hin und her wiegt
Das Blätterwerk

Kannst du es spüren?
Wenn das Rauschen der Stille
Dich in einen Mantel aus Kälte hüllt

Und wenn der ersehnte Schein
Dein Dasein wärmt
Dir tiefe Geheimnisse
Offenbart
Die dich an Ewigkeit
Glauben lassen
Kannst du es sehen?

*Hoffnung*

Lass dich treiben und auch fallen
Sehnsucht soll noch ewig hallen

Der Frühling trägt geschwind
Sein zauberhaftes Kleid
Weht's hier nach dort geschwind
Es ist an der Zeit

Den Ruf zu folgen
Wenn er schreit
Laut lachend und voller
Heiterkeit

Möge dort die Liebe warten
Bei dem Spiel mit offenen Karten

*An dich*

Deine Anmut lässt hoffen
Lässt mich zuversichtlich sein
Vom Leben besoffen
Trat ich ein in dein Reich

Dein Sein lässt's verfallen
Was mich einst trübte
Lässt alles verhallen
Was mich im Leben prüfte

*Anders als gedacht*

Der Regen fällt
Liegt sanft auf der Haut
Bis er Fäden zieht, tiefrot

Dein Gesicht ergraut
Beim Anblick der blauen Wand

Es fallen auch Tropfen
Schwer aufs Bodenreich
Man hört den Klang
Im Uhrtakt gleich

Die hellen Fliesen
Mit ihren braunen Fugen
Sind nicht mehr erkennbar
Man muss nach ihnen suchen

Die Lache verschwimmt
Verschmiert nackte Füße
Auf der Suche nach der Ursprungsdrüse

Wie aus einem Vulkan
Strömt es auf dich hernieder
Wie Lava Blutrot -immer wieder-

An einem schwarz durchtränkten Wandtuch
Schimmert Moosgrün gezeichnet der Fluch
Der sich auf alles zu legen vermag
Und nun endet der Tag

*Nur ein Ende*

In einem Traumgebilde
Gefangen
Sah ich uns an Eichen
Gehangen

Streckte meine Arme ein letztes Mal nach dir aus
Doch die Schlinge hielt mich
Ließ mich nicht heraus

Verloren im endlosen Reigen
Gefangen
In der Dürre der Ratio
Verlebt
Das Feuer im Herzen
Die Glut stumpft ab

*Der Ruf*

Der Regen nieselt auf meine Stirn
Wäscht den Staub aus meinen Augen

Wäscht auch Tränen hinfort
Und benetzt rau meine Lippen

Stummes Erwachen
Macht mich bereit
Ein letztes Mal zu folgen
In die Stille der Zeit

Bis die Ewigkeit mich ruft

*Wenn du gehst*

Wenn du gehst, beginnt sich mein Herz zu trennen
Löst sich heraus und steigt empor
Also bleib und lass die Herzen brennen
Gemeinsam schreiten wir durch das Tor

Komm wir gehen in den Wald
Dort ist nichts schöner als deine Gestalt
Die Natur uns dann zu Füßen liegt - du fehlst -
Und mein Herz fliegt

Ich leb' in einem Einmannzelt
In einem Mikrokosmos schöner als die Welt
Mit all ihren Kriegen - du fehlst -
Möcht' mich an dich schmiegen

Komm wir legen uns ins Gras
Und lassen die Wolken ziehen
Lassen einfach alles schweifen - du fehlst -
Möcht' nach deinem Herzen greifen

*Im Vollmondschein*

Der Mond bedeckt von Schleiern zart
Die Wolken ziehen voll in Fahrt
An ihm vorüber, hüllen ihn ein
Welch' wunderbarer Vollmondschein

Spazierend durch des Nächtens Treiben
Ein Hauch hält inne meinen Gang
In einer Hand ein Kiel zum Schreiben
Gedanklich hält mich was gefangen

Ein Liebesbrief voll sanfter Zeilen
Bedecken Augen rosenblütenzart
Der Wein, der lies mich gern verweilen
Bis der Morgen die dunkle Nacht betrat

Und wenn ich dann am Fenster stehe
Das Dunkel mich ergreifen mag
Ich spiegelnd jene Augen sehe
Kommt über mich der helle Tag

Welch' sonderbarer, süßer Abgrund
Ergreift mich Tag und Nacht
In dieser schönen Vollmondstund'
Bin ich nach dir sehnend aufgewacht

*Für den Moment*

Mein Glück kann ich kaum glauben im Jetzt und Hier
Momente erhaschen möchte ich gern mit dir
Deine Anmut und dein Wesen hält mich fest
Mein Gefühl zu dir überschwemmt den Rest

Momente möcht' ich mit dir sinnlich spüren
Bitte öffne für mich deine verschlossenen Türen
Ich möchte deine Wahl sein und dein Gast
In deinem Herzen wünsche ich mir eine Rast

Liebesgefühle sind das schönste auf der Welt
Auch kann man Sein und Leben -fast-
wie es einem gefällt
In so manchen Armen wollt' ich nicht älter werden
Doch in deinen schließlich möcht' ich sterben

*Wiederkehr*

Mit dir werd' ich auf Reisen gehen
Und auch fernste Länder sehen
Das Niemandsland durchstreifen
Ein Traum an dir zu reifen

Ganz fern erliegt auch der Horizont
Deinem Lächeln wunderbar
Hoch oben zeigt's der Sternenglanz
Ganz klar

Verweilend in Momenten
Der schönsten Augenblicke
Halten fest an unserem Glück
Näher kommend Stück um Stück

*Ohne Gegenwehr*

Scheinbar ziellos irren wir umher
Herzen verschenkt, verjagt, gekränkt
Es wird schwer in einem Leben ohne Wiederkehr

Die Welt hält alles offen und bereit
Bringt uns Sehnsucht und auch Heiterkeit
Bringt alles nah vor unsere Tür
Manchmal verlangt sie Opfer dafür

*Von der Liebe und was übrig bleibt*

Der Zauber hält ein Leben lang
Ein Glück für den, der es ertragen kann
Die Magie erfasst den, dem es gefällt
Auch alles Lebende unterm Sternenzelt

Oft ist man wie getrieben oder auf der Flucht
Manches Mal ruft ganz leise auch die Eifersucht
Eben noch von wilden Blumen umgeben
Bis wir der Sehnsucht heimlich nachstreben

Von Romantik und Treue tief im Herzen
Von der Hoffnung auf Ewigkeit entflammt man Kerzen
Bei Sonnenaufgang schlägt manchmal die Reue zu
Ein kalter Docht findet auch keine Ruh'

Anziehungskräfte wirken mit magischem Schein
Hoffnungsvoll blicken wir in vereiste Gewässer hinein
Umfasst ein Brunnen das klare Kalt
Fällt man tief und wird zusammen alt

Vom Geben und Nehmen
Vom Gleichgewicht der Natur
Doch wir bereichern uns nur

Eine Ambivalenz von Gefühlsgelage
Gesellschaftlich nicht ganz in Waage
Ereilt fast Jeden mal der Müßiggang
Denn vieles fängt von vorne an

*Verlorene Träumerei*

In mancherlei Träumen schwarz - weiße Sicht
Kontraste lenken unser Leben
Wir haben verlernt es farbenfroh zu sehen - kein Licht -
Nun ist das Begehren nach Besitz unser streben

Einsam geht die Zeit ins Land
Ehrliches Geschick will nicht mehr ausreichen
Wir tippen uns um den Verstand
Die KI's versenden Liebeszeichen

Man wägt sich glücklich und umsorgt
Auch der Fährmann hält kein Cent bereit
Stets umgeben von Dingen, der Rest ist geborgt
Ein Raum scheint beseelt und doch viel zu weit
Entzweit

*Der Kuss der Wiederkehr*

Eine Ampel läutet es ein
Die Nachtigall erklingt von fern
Der Himmel ist bedeckt, nicht rein
So sieht man auch keinen Stern

Auch der Mond versteckt seinen Schein
Der hustend Wind zieht wallend Kreise
Da möchte man tief unter der Erde sein
So krächzt das Volk ganz leise

Die Flöckchen kitzeln den Boden kälter
Erstarrt und erfroren die Glieder im Grabe
Da nützt keine Glocke am roten Feuermelder
Gezählt sind unsere Tage

Und sollte die Sonne für uns nochmal scheinen
Auch das Grün der Wälder wachsen sehen
So hoffen wir mit wacklig, erkalteten Beinen
Niemals mehr vor solch einer Abwahl zu stehen

*Zeitenrad*

Die Zeit scheint sich rückwärts zu drehen
Das Gewölbe der Fügung hält fest am Bestand
Es zieht mich zu dir, mag dir zur Seite stehen
Das Zahnrad es dreht sich mit Liebesverstand

Sanftes Erwachen, nach dem festen Schlafe
Sacht, taumelnd ruft der Tag zum Flug
Mein Herz ruft nach dir, als sanfter Ton der Harfe
Wir besingen zu zweit den Schicksalszug

Tief - dunkle Sehnsucht liegt am Hafentor
Ein Stern erblickt das helle Mondenlicht
An Händen fassend stehen wir nun davor
Und staunen wie die Welt von Liebe spricht

Rasend, hart und scharf ruft das Tagewerk
Zärtlich rufst du mich herbei
Und endlich besteigen wir den höchsten Berg
Noch nie fühlte ich mich so frei

Der Herbst zieht golden
Die Nacht tiefschwarz
An uns vorüber
Wir sind zart erwacht

*Flöten Statt Töten*

Tiefe Panzergraben - verdunkeln weites Land
Granaten stürzen nieder - am laufenden Band
Da klingeln die Münzbeutel - voll in mancher Hand
Menschen eingezogen - erschoßen an der Wand

Mit Stiefeln an den Füßen - stirbt es sich noch nicht
Grenzen ausgesprochen - Schläge, Tritte ins Gesicht
Dann am Boden liegend - auf uns ein Messer sticht
Blutend, erlegen - verlieren wir an Gewicht

Flöten erklingen - zu töten ist wohl leicht?
Gitarren ohne Saiten - da die Knarrensammlung reicht
Begraben von Schwarz - die Erde verbrennt!
Geigen verstummen - da wohl niemand Leiden kennt?

Geigen statt Leiden - das wäre wohl ideal
Flöten statt Töten - das klingt fast surreal
Gitarren statt Knarren - wer ist mit dabei?
Lieben statt Siegen - macht Frieden wieder frei?

*Im Schicksalsfluss*

Von der Resignation des Geistes
Mit üblicher Akzeptanz
Bewegt man sich stürmisch auf vereistes
Gewässer und dessen Glanz

Es knirscht schon sacht unter den Sohlen
Bäuchlings zu rutschen wird da empfohlen
Doch da man es besser weiß
Bricht es ein das dünne Eis

Der Mond scheint voll und hell
Kalt und scharf wie Messers Schneide
Durchzuckt der eisige Fluss ganz schnell
Auch unsere Eingeweide

Dem Schicksal ergeben
Zieht es an uns weiter
Ohne Kampf erlegen
Sind wir Freiheitsvermeider

*Regenbogenstreifen*

Und so geht er dahin
Noch bevor es zu Blühen begann
Noch bevor es zu Wärmen anfing
Und so sehen wir uns irgendwann

Im Irgendwo wo es zart dunkelt
Das grelle Licht der Dunkelheit weicht
Wo ein Stern wie du hell funkelt
Und dieses Strahlen weit über Universen reicht

Und so ging er dahin
Wo viele Sterne Seelen ergreifen
Und manchmal erscheinen sie uns
Als Regenbogenstreifen

*Fluchtpunkt*

Verirrt in einer Zeit voller Grenzen
Namenlos mit Chip versehen
Stetig zeigen sich Tendenzen
Damit so manche Schafe kontrollierter gehen

Taub und stumm auch still
Ruft die Leere zum Ruhestand
Gähnend sitzt man vor seiner Wand
Gelähmt, gebannt und ohne Widerstand

Manchmal trägt der müde Wind
Ein Lachen durch die Wälder
Doch auch so manche Träne rinnt
Benetzend trockene Felder

*Seifenblasen*

Ein Mikrokosmos offenbart sich
Wenn es hagelt, kalt ist, schneit
Wenn Glycerin und Sirup statisch
Kristalle zeigen voller Klarheit

Voller Heiterkeit erkennt man
Federwüchse die stets wachsen
Bis die Blasen dann zerplatzen

Endlich ist dies Weltenspiel
Losgelöst vom eisigen Kiel
Augenblicke in Zeitlupe gefangen
Auf Papier gepresst und an die Wand gehangen

*Wunschtraum*

Ein Traum schreibt hundert Bände
Ich wünscht ihm zu entfliehen
Ein Raum, verschlossene Wände
Nicht mal Pilze sind in ihm gediehen

Es tropft schon aus den Fugen
Die Füße werden feucht
Und was sie einstmals trugen
Entfleucht

Eine Pusteblume im Riss der Wand
Auch als Löwenzahn bekannt
Erfüllt 'nen Wunsch mit einem Hauch
So wünsch ich mir 'nen Strauch

*Endlose Melodie*

Der Mond scheint sanft mit seiner Sichelform
Des Meeres Wellen sind geformt vom Sturm
Ergeben sich am Uferrand

Manchmal tobt der Fluß im Wind
Auch Bäche reißen Bäume nieder
Und manchmal fliegen wir geschwind
Durch wogend, duftend Flieder

Ein Stern erwacht, erblickt das Erdenrund
Er strahlt wie neugeboren in dieser Stund
Bis er dann verglüht, schließlich vergeht

Dein Anblick erhellt den dunklen Schein
Der ungeschliffen in mir ruht
Ein Diamant ganz roh und klein
Mag erwachsen in der Flut

Die Sonne ruft den Morgen schon herbei
Sehnend nach dem Klee, der umspielt von Tropfen sei
Um im Erdreich nun zu versinken

Immer wird's ein Ende finden
Niemals gibt es ein Zurück
Doch sich an seine Liebe zu binden,
Zu streben, ist das höchste Glück

*Wohnhaft*

Niemand kann noch voreinander fliehen
Keiner kann einfach von dannen ziehen
Um sich zu entzweien

Einsam kann man wartend nur
In einer Zelle, plus ´nem Flur
Hoffend, dass sich mal was Besseres findet

Doch die Mietstufe wird nicht angepasst
Auch Obdachlose werden nicht erfasst
In diesem sozial - demokratischen System

Ein bürokratisches Regelwerk
Ein unüberwindbarer Berg
Ein gläserner Palast

*Reiselust*

Man verreist sehr gerne
Die Lust ist riesengroß
Entschwindend in der Ferne
Ist man Probleme los

So weit wie man kann
Zieht es einen hinweg
Doch leider merkt man dann
Dass nichts in der Geldbörse steckt

Auf der Reise, Durchfahrt, Flucht
Die Art und Weise nährt die Wucht
Wo grenzenlos mit Überschall
Geschossen wird in fremden Wall

Das Geld verpulvert
Leben am Ende
Nichts was mehr gärt
Bis zur nächsten Wende

*Fiebertraum*

Traum erleben
Mal anders
Mit Beben

Mal anders als Fiebertraum
Schwebend im endlosen Raum

Fieberhaftes Erleben
Erschaffenes Fremdbild
Ein Segen

Verkehrtes Gedrehe am Rad
Das Schicksal naht

Sinnfreies Verweilen
Auf Traumreise

In lebendiger Art und Weise
Ruft leise
Das Elend

Fiebernd naht der Tag

*Notbremse*

Aus unendlicher Vielfältigkeit
- Ausbrechen -
Dem endlosen Raum zum Trotz
- Stillstand -
Der begrenzten Melodie frönen
- Heiterkeit -
Für den Moment bereit
- Gehalten -

Vom System gespalten
Ruhe tritt ein
Das Rauschen verklingt
Wenn man die Höhen besingt

Jeder Berg eine Qual
Zurück ins Tal
Verharrender Weise
Verstummen letzte Töne ganz leise

Vom Notknopf im Kopf

*Kontinuität*

Ein steter Kreislauf der Wiederkehr
Getrieben von endlosen Schleifen
Die Natur setzt sich dieser nicht zur Wehr
Nur der Mensch muss da noch reifen

Der durch Erfahrungen beseelt, begreift
Wenn Alarmglocken läuten
Es in ihm reift
Rationales Häuten
Bricht Mauern ein

Neugierig, erpicht zu entdecken
Was da im Nebel verborgen liegt
Zu erschrecken
Bis der Tau am Morgen versiegt

Neubeginn

*Lauthals verstummt*

Das Leben verwirkt
Mit stummen Gesang
Den Niemand erhört
Still abgehangen

Der Galgen hängt voll
Gierig kreisen die Geier
Mit schmachtenden Groll
In endloser Leier

Niemanden stört's
Wenn's leise verstummt
Niemand hört's
Wenn der Tod lauthals summt

*Heilung*

Ehrlich reflektiert
Wahrheiten binden
Kunstvoll verziert
Freiheiten finden

Gedankengut versöhnt und heilt
Wird in Liebe aufbereitet
Wenn man die ganze Geschichte teilt
Respektvoll verbreitet

Achtsam miteinander streben
Leben, Lieben, Lachen
Und andere schöne Sachen

*Zeitschleifen*

Fokussiert auf Dinglichkeiten
Und sonst so verdrehter Wirklichkeiten
Verschafft so manchen Heiterkeit
Und anderen endloses Leid

Das wiederkehrende Gleiche naht
Auf des Schicksals hauchdünnen Draht
Auf dem man nicht zu schweben vermag
Am Ende landet man allein im Sarg

Allein gegangen, nicht gelebt
Malocht und nie für die Liebe gebebt
Im Herzen kahl - Gedankenqual
Am Ende hat man keine Wahl

Wer einkehrt ins Reich
Dem Erdboden gleich
Darf auf's Neue reifen
Auf die Endlosschleifen

*Weitsicht*

Erspart bleibt vielen diese Sicht
Kurz fallen die Augenlider
Ein Blick verzehrt's nach grellem Licht
Übrig bleibt der Duft nach Flieder

Blüten zieren zartes Fleisch
Reines Weiß bedeckt den Leib
So manche Kerbe zeichnet's weich
Vom Tod verziert zum Zeitvertreib

Im Augenblick, die Zeit vergeuden
Glücksmomente, lauthals läuten
Still genießen, Wärme tanken
Nach dem Leben, hochwärts ranken

*Der Kuss der Ewigkeit*

Das azurne Blau bewässert das Land
Die Ebbe küsst selbst den entferntesten Rand
Bis die Flut sich's gierig einverleibt
Von dieser Liebschaft nichts mehr übrig bleibt

Wenn das Feuer lodert am Waldesrand
Verbranntes Moos den Erdboden ziert
Erstreckt sich Ödnis und auch Traurigkeit
Bei all dem verendeten Leid

Das Rad des Schicksals spinnt sehr fern
Seelen schreien in die weite Welt
Schreiend nach dem Glücksstern
Auch ihr Schein verging am Himmelszeit

Der Odem allen Lebens versiegt
Wenn man sich der Liebe wegen verbiegt
Im Bann der Ermächtigung
Im Eigen versöhnlich, klappt's wiederum
Gefühle zu schüren glasklar und rein

Am Ende liegt die Asche hernieder
Geküsst, umarmt, gepresst - immer wieder -
Exklusiv und im ewigen Schein
Krönt ein Diamant dein Herz
Mit meinem Sein

*Meditation*

Ein wärmender Ton erklingt
Der Gesang schreibt mir Zeilen
Er fliegt über die Stadt hinaus
Um bei mir zu verweilen

Sehnsucht treibt mich
Lädt mich ein zu meditieren
An einem leeren Ort gestrandet
Will ich mich tief verlieren

Stille die mich überkommt
Stellt endlich keine Fragen mehr
Sehnsucht die nach Nähe schreit
Bleibt ungehört, bleibt leer

Ein Tagtraum lässt den Morgen ziehen
Bis die Dämmerung ihn bricht
Die Angst hat keine Chance mehr
Uns zu führen hinters Licht

# Inhaltsverzeichnis

Nur ein Wortspiel                                7

Allein                                           9

Humankapital                                     10

Die Wahl                                         11

Kriegstreiberei                                  12

Zwischen den Welten                              13

Ausradiert                                       14

Die Fähre                                        15

Verlorene Räume                                  16

Gemeinnützig                                     17

Verirrt                                          18

Schuld                                           19

Corona Kanon                                     20

Pipeline                                         21

Selbstwert                                       22

Irrsinn                                          23

Schein                                           24

Wut                                              25

Maulkorb                                         26

Machtlosigkeit der Grenzen                       27

Keine Wahl                                       28

Flügelschlag                                     29

Aus Liebe zur Kunst                              30

Solidarität                                      31

Menschenleer                                     33

Der Tod der Liebe                                34

Machtloser Frieden            36

Ein Traum                    37

Vergessen                    38

Ertränkt                     39

Keine Zeit                   40

Wartend                      41

Kälte                        42

Schweigen                    43

Wissen                       44

Umgarnt                      46

Gesänge der Nacht            47

Verbrannt                    48

Stille Kunst                 50

Stillstand                   51

Vergänglichkeit              52

Stumme Tränen                54

Die Feuer brennen            55

Neubeginn                    56

Beispiel einer Zeit          57

Sterbehilfe                  58

Ewiglich                     59

Aushalten                    60

Der Himmel weint             62

Asche                        63

Weisheit                     64

Weise                        65

Ironie                       66

Leblose Mythen               67

Eiswelten 69

Irgendwann 71

Party 72

Das Leben zur Zeit scheint hohl 73

! 74

Ermüdet 75

Des Glückes Melodie 76

Entbehrung des Spiegels 77

Stück um Stück 79

Ein Geschenk 81

Der letzte Strand 83

Endlosschleife 84

Spirale Spiegelwelten 85

Der Ritt davon 88

Ausgeträumt 89

? 90

Hoffnung 91

An dich 92

Anders als gedacht 93

Nur ein Ende 95

Der Ruf 96

Wenn du gehst 97

Im Vollmondschein 98

Für den Moment 99

Wiederkehr 100

Ohne Gegenwehr 101

Von der Liebe und was übrig bleibt 102

Verlorene Träumerei 104

Der Kuss der Wiederkehr                        105

Zeitenrad                                      106

Flöten Statt Töten                             107

Im Schicksalsfluss                             108

Regenbogenstreifen                             109

Fluchtpunkt                                     110

Seifenblasen                                    111

Wunschtraum                                     112

Endlose Melodie                                113

Wohnhaft                                        114

Reiselust                                       115

Fiebertraum                                     116

Notbremse                                       117

Kontinuität                                     118

Lauthals verstummt                             119

Heilung                                         120

Zeitschleifen                                   121

Weitsicht                                       122

Der Kuss der Ewigkeit                          123

Meditation                                      124

Nachwort                                        129

## Nachwort

Auf die Vielfältigkeit!

Danksagung an alle Unterstützer!

Ist der Kopf auch manchmal träge
Vielleicht weil es am bürokratischen Wahnsinn läge

Lehnt euch auch mal zurück
Entspannt im Nu
Träumt immerzu

Von Zuversicht und Friedfertigkeit
All das und noch mehr
Hält Liebe für euer Leben bereit